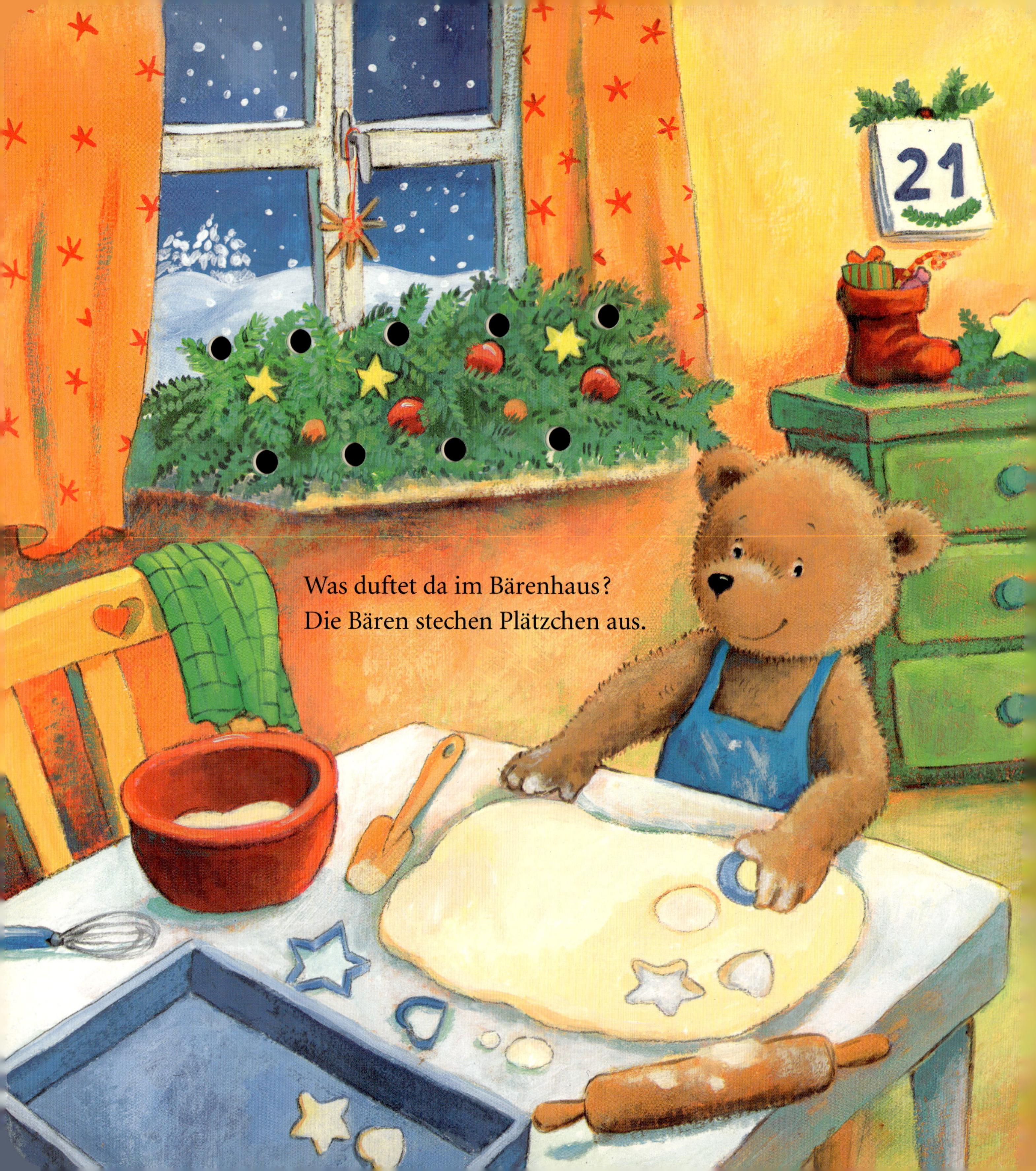

Was duftet da im Bärenhaus?
Die Bären stechen Plätzchen aus.

Es weihnachtet sehr, kleiner Bär ...

Ana Weller

Ravensburger

Auf dem Weihnachtsmarkt ist's schön
und es gibt so viel zu sehn.

Schau mal, kleiner Bär,
ich fädle die Kordel hin und her!

Juchhei – juchhe,
alle spielen im Schnee!

Feste ziehen, kleiner Bär,
dann fährt der Schlitten hinterher.

Bärenmama freut sich sehr:
„Gut gemacht, kleiner Bär!“

Tannenbaum und Eisenbahn,
ein Schaukelpferd mit Zügeln dran,
süße Sachen und noch mehr.
Es weihnachtet sehr, kleiner Bär!

Beim großen Stiefel
des Nikolaus',
geht die Kordel mal rein,
mal raus.

Und der Kranz,
das kannst du sehn,
wird mit der Kordel
wunderschön.

Illustration: Ana Weller
Text: Sabine Cuno

1 2 3 4 08 07 06 05

Otto Maier GmbH · Postfach 1860
D-88188 Ravensburg
Printed in Germany · www.ravensburger.de
Distr. CH: Carlit + Ravensburger AG
Grundstr. 9 · CH-5436 Würenlos

€ [D] 5,95
ISBN 3-473-31273-8
9 783473 312733